루이스 헤이가 알려주는

# 색과 **숫자**의 기적

**루이스 L. 헤이** 지음

**최해숙** 옮김

K⁺
MIRACLE
MORNING
KMM PUBLISHER

# Contents

## 색과 숫자 한눈에 보기
- 3 -


## 색과 숫자
- 4 -


## 보편적인(모든 사람들에게 적용되는)
## 연도, 월, 일 계산하기
- 10 -


## 개인 연도
- 21 -


## 개인의 날
- 33 -


## 당신의 개인 달력
- 53 -


## 음식 속의 색
- 61 -

# 색과 숫자 한눈에 보기

| 숫자 | 색 | 보석 | 키워드 |
|------|------|------|--------|
| 1 | **빨강** | 루비 | 시작 |
| 2 | **오렌지** | 월석 | 협동 |
| 3 | **노랑** | 토파즈 | 즐거움 |
| 4 | **초록** | 에메랄드/<br>제이드 | 실용적 |
| 5 | **파랑** | 토카이즈/<br>아쿠아마린 | 변화 |
| 6 | **인디고<br>(네이비 블루)** | 진주/사파이어/<br>라피스(청금석) | 책임감 |
| 7 | **보라/바이올렛** | 자수정 | 신념 |
| 8 | **베이지/갈색/<br>분홍** | 다이아몬드 | 성취 |
| 9 | **모든 파스텔색** | 오팔/금 | 완성 |
| 11/2 | **검정/하양 혹은 회<br>진수색** | 은 | 직관 |
| 22/4 | **코랄색/적갈색** | 코랄/구리 | 위대함 |

# 색과 숫자

색을 연구하는 것은 매력적입니다. 우리는 항상 색에 둘러싸여 있습니다. 심지어 소위 '무색'에도 색이 있습니다. 색이 없는 세상은 상상하기 어렵습니다.

'색'하면 가장 먼저 자연이 머리에 떠오릅니다. '봄이 오고 있다는 것을 알리는 색은?'이라고 질문하면, 바로 녹색이 떠오릅니다. 파릇파릇 봄에 가장 처음의 연한 녹색이 나온다는 것을 알고, 그 색을 기대하기 때문이죠. 해빙된 대지에서 크로커스와 수선화가 피어나는 것을 보면 마음이 따뜻해집니다. 한여름의 풍성한 녹색 같은 색깔은 우리에게 지구의 풍요로움을 느끼게 합니다. 그런 다음 노란색, 주황

색, 빨간색의 숨 막히는 가을 풍광이 이어집니다. 그들이 물러가면, 조용하게 쌓인 하얀 눈과 회색 나무줄기와 가지로 변해버린 겨울이 들어섭니다. 그리고 우리는 다시 또 봄을 기다립니다.

일몰이나 일출 장면을 보고 놀라운 색상에 감탄해본 적이 있나요? 사막의 일출은 경외감으로 가득 찬 경험이며, 새벽부터 정오, 황혼, 자정까지 수천 가지 빛과 색의 변화가 있습니다. 푸른 하늘을 올려다보는 시간을 갖게 되면, 열린 공간의 평온과 평화를 느낍니다. 색깔은 더 이상 단순하게 치장이나 장식적인 기능만 하는 것이 아닙니다. 색깔은 우리에게 더 깊은 방식으로 영향을 미칩니다.

색은 우리 생활에서 필수적인 부분입니다. 그럼에도 불구하고 대부분의 사람들은 색을 의식적으로 사용함으로써 얻을 수 있는 이익에 대해서는 무지합니다. 각각의 색은 자신만의 에너지로 진동하며, 이를 우리 삶을 향상시키는데 사용할 수 있습니다.

숫자 연구는 고대로부터 시작되었으며 지금까지도 높이 평가받고 있습니다. 종종 수비학(numerology, 숫자와 사람, 장소, 사물, 문화 등의 사이에 숨겨진 의미와 연관성을 공부하는 학문)의 아버지로 인정받는 그리스 철학자 피타고라스는 "숫자는 우주의 궁극적인 요소"라고 느꼈습니다. 르네

상스 시대 후반까지도, 교회는 건축가들이 신과의 경험을 향상해준 다고 믿었던 신비한 숫자 체계를 사용하여 지어졌습니다.

색과 숫자 모두 중요합니다. 이 책에서는 두 가지를 함께 사용합니 다. 숫자학에서는 각 숫자에 연결된 색이 있고, 매월, 매일마다 진동 이 바뀐다고 가르칩니다. 숫자의 진동이 바뀌면 색깔도 바뀝니다.

우리가 삶과 협력할 수 있는 방법은 많습니다. 의식적으로 자신에 게 맞는 퍼스널 넘버와 컬러를 사용하는 것은 우리의 하루하루를 더 부드럽게 흐르게 하는 한 가지 방법입니다. 이 책은 일상생활에서 색 과 숫자를 통합하고 균형을 이루는 또 다른 방법을 보여줍니다. 숫자 와 색은 우리의 하루하루를 채워주며, 우리의 삶과 태도에 유용합니 다. 그것들은 우리 자신에 대한 긍정적인 선언이자 스스로를 표현하 는 기초가 될 수 있으며, 이 책을 쓰게 된 목적이기도 합니다.

모든 것에는 숫자가 표시되어 있습니다. 거리와 집, 전화와 은행 계 좌는 모두 번호가 있습니다. 모든 가전제품과 전기 제품도 번호가 있 습니다. 휴일과 달력, 사회 보장 카드, 신용 카드, 지폐도 마찬가지입 니다. 그러나 가장 개인적인 숫자는 우리의 나이와 생일입니다.

색은 우리 생활 곳곳에 있습니다. 우리 모두는 음식을 먹고 옷을 입으며, 많은 사람들이 보석을 착용합니다. 우리는 방과 가구를 색으로 칠합니다. 교통수단은 색이 있으며, 우리의 직장도 마찬가지입니다. 매일 의식적으로 우리의 개인 진동과 어우러지는 색과 보석, 음식, 의류를 선택하면, 삶의 흐름에 순응하는 능력을 향상시킬 수 있습니다. 우리 자신과 삶에 대한 건강한 태도는 종종 우리가 입는 색상에 반영됩니다.

남성과 여성, 젊은이와 노인, 활동적인 사람과 정적인 사람 모두 색과 숫자를 생활에 동화시킴으로써 의미를 찾을 것입니다. 생활 방식이 무엇이든, 어디에서 살든, 색의 사용은 지속적이며 숫자는 어디에나 있습니다.

모든 색이 좋지만 우리는 특정 시기에 특정한 색상을 더 편안하게 느낍니다. 매일의 삶은 그날 자신의 개인적 진동과 가장 조화로운 색상으로 둘러싸임으로써 향상될 수 있습니다. 숫자의 연구를 통해서 우리의 일별, 월별, 연간 진동을 알 수 있습니다. 특정 진동과 연결된 색을 선택하고 그 숫자가 우리에게 말하려는 것에 주의를 기울이면, 우리는 더 조화로운 삶을 이룰 수 있습니다.

여러분이 아는 것처럼, 각 개인의 날은 그 날의 숫자와 진동하는 색을 가지고 있습니다. 각 개인의 날에는 색과 숫자와 공명하는 보석도 있습니다. 보석처럼 색상도 진동을 가지고 있으며, 그 색을 착용하면 원하는 기분을 높일 수 있습니다. 이 개인의 날의 분위기를 조성하는 핵심 문구도 있습니다.

이 책에서는 각 개인의 날에 대한 확언들을 추가했으며, 이러한 긍정적인 생각에 집중하도록 독려합니다. 나는 아침에 일어나자마자 그러한 생각들을 말하는 것을 좋아하며, 신선하고 새롭고 재미있는 하루를 기대하면서 많은 학습과 성장이 있는 하루를 준비합니다.

우리는 자신만의 퍼스널 넘버 진동과 퍼스널 컬러 진동을 가지고 있습니다. 일부 숫자는 우리의 생일과 같이 영구적입니다. 우리는 또한 달력과 함께 바뀌는 임시 퍼스널 넘버도 가지고 있습니다. 의식적으로 우리의 퍼스널 컬러에 둘러싸이면, 우리는 우주의 힘과 더 조화를 이룰 수 있습니다.

이 책에서는 일상생활에서 색을 사용하여 숫자 연구의 한 측면을 탐구합니다.

다음 장에서는 개인의 연도별 진동, 개인 월별 진동, 개인 일별 진동을 찾는 데 사용되는 방법을 설명합니다.

# 보편적인(모든 사람들에게 적용되는)
# 연도, 월, 일 계산하기

먼저, 보편적인 연도(올해) 진동이 있습니다. 이 진동은 모든 사람에게 적용됩니다. 현재 연도의 4자리 숫자를 더하여 해당 숫자를 찾습니다. 예를 들어, 2010년은 2 + 0 + 1 + 0 = 3으로 계산됩니다. 이것은 2010년이 #3 보편적인 연도임을 나타냅니다.

수비학에서는 한 자리 숫자가 나올 때까지 숫자를 계속 줄입니다. 따라서 연도가 2029년이라면, 2 + 0 + 2 + 9 = 13이 됩니다. 그리고 숫자를 계속 줄여 1 + 3 = 4가 됩니다. 이것은 2029년이 #4 보편적인 연도임을 나타냅니다.

# 개인 연도, 월, 일 계산하기

## 개인 연도(Personal Year)

개인 연도 진동을 찾으려면, 자신의 출생월과 출생일을 현재의 보편적인 연도에 더합니다.

당신의 생일이 10월 23일인 경우에는

$$
\begin{array}{ll}
10 & (월) \\
23 & (일) \\
+\ 3 & (보편적인 연도, 2010) \\
\hline
36 & 3+6=9
\end{array}
$$

2010년 = **#9 개인 연도**

# 개인 연도, 월, 일 계산하기

## 개인 월(Personal Month)

현재 월에서 개인 월 진동을 찾으려면, 개인 연도에 달력 상의 월을 더합니다. 앞의 예에서 당신의 개인 연도가 #9이고 현재 3월이라면, 다음과 같이 계산합니다.

#9 (개인 연도) + 3 (3월) = 12. (두 자리 수는 한 자리로 줄입니다.) 1 + 2 =3 당신의 개인 월 진동은 #3이 될 것입니다.

    9 (개인 연도)

+ 3 (달력상 월 : 3월)

  12 1 + 2 = 3

2010년 3월 = **#3 개인 월**

# 개인 연도, 월, 일 계산하기

**개인 일**(Personal Day)

개인 일 진동을 찾으려면, 개인 월에 달력 상의 일을 더합니다.

2010년 3월의 예를 사용하면, 이것이 당신의 #3 개인 월이고 오늘 날짜가 3월 1일이라면, 개인 월 숫자에 달력 일을 더합니다.

2010년 3월 1일

3   (개인 월)

+1   (달력 일, 3월 1일)
_____

4


2010년 3월 1일 = **#4 개인 일**

## 당신의 개인 연도, 월, 일 계산하기

개인 일을 결정한 후에는 각 날이 숫자 1에서 9까지 순차적으로 이어집니다. 따라서 #9 개인 일 다음에는 #1 개인 일로 넘어갑니다. 이와 같은 절차는 달의 나머지 기간 동안 계속됩니다. 새로운 개인 월에 진입하면 계산을 다시 시작합니다.

이 책에는 당신의 퍼스널 넘버를 계산할 수 있도록 비워둔 달력 페이지가 제공됩니다. 한 번에 계산해두면 필요할 때 숫자를 훨씬 쉽게 찾을 수 있습니다. 이 책을 옷장이나 화장실 근처에 두면 매일 아침 옷을 입기 전에 쉽게 참고할 수 있습니다.

개인 진동에 대한 계산이 11 또는 22인 경우에는 이 숫자를 2 또는 4로 줄이지 마세요. 숫자 11과 22는 마스터 넘버로 간주됩니다. 이것은 그 기간 동안 더 높은 진동에서 작동할 기회가 주어졌음을 나타냅니다. 당신은 지금 이순간 당신의 세계와 세계 전체에서 작동하는 더 높고 더 보편적인 원칙들과 조화를 이룹니다. "11/2" 또는 "22/4"로 쓰면 2가 되거나 11에 도달하거나 또는 4가 22를 향해 나아가는 선택의 기회가 있다는 것을 상기할 수 있습니다. 예를 들어, 2는 리더를 따르고, 11은 리더입니다. 4는 자기 자신을 위해 일하고, 22는 지역 사회를 위해 일합니다.

여기서 알아두면 좋은 것은 개인 연도가 무엇이든, 첫 번째 개인 월이 다음 숫자가 된다는 것입니다. 예를 들어, #8 개인 연도의 1월은 #9 개인 월이 될 것입니다. #9 개인 월의 첫 날은 #1 개인 일이 될 것입니다.

# 이중 집중 및 삼중 집중 일(날)

달력의 각 월에서 9일, 18일, 27일의 퍼스널 데이 숫자는 개인 월의 숫자와 동일합니다. 예를 들어, #6 개인 월인 경우 9일, 18일, 27일은 모두 #6 개인 일이 될 것입니다. 이것은 이중 집중 일이며, 달력에 별표로 표시할 수 있습니다. 이중 집중 일에는 특정 지시사항을 둘러싼 에너지가 두 배로 강화되므로, 이러한 에너지를 이용하여 자신을 위한 이익과 성장을 더욱 크게 얻을 수 있는 기회입니다.

9월은 항상 특별한 달입니다. 9월에 해당하는 월의 숫자는 항상 당신의 개인 연도 숫자와 동일합니다. 따라서 9월 9일, 18일, 27일은 항상 삼중 집중 일(날)이 됩니다. 예를 들어, #6 개인 연도인 경우 9월은 당신에게 #6 개인 월이 될 것이므로, 전체 달이 강화될 것입니다. 9월 9일, 18일, 27일 역시 삼중 집중의 #6 개인 일이 될 것입니다. 당신은 이러한 날에도 달력에 별표를 표시할 수 있으며, 다른 색 펜을 사용하여, 이러한 날에 에너지가 세 배로 늘어날 것임을 나타낼 수 있습니다.

## 유용한 힌트

달력 연도의 마지막 두 달은 항상 다음 달력 연도의 처음 두 달과 동일한 개인 월 숫자가 됩니다. 그러나 개인 연도의 진동은 달라질 것입니다. #6 개인 연도에서 11월은 #8 개인 월이 되고, 12월은 #9 개인 월이 될 것입니다. 그 다음 연도의 다음 두 달 (당신의 경우 #7 개인 연도)에서 1월은 #8 개인 월이 되고, 2월은 #9 개인 월이 될 것입니다. 숫자는 동일하겠지만, 연간 개인 진동은 달라질 것이며, 이제 #7 개인 연도에 있을 것입니다.

물론 어떤 날이든 무엇이든 할 수 있습니다. 그러나 이날에 나타나는 특정 에너지를 활용하면, 인생을 더욱 조화롭게 느낄 수 있습니다. 눈 내리는 날에 반바지와 맨발로 밖에 나가는 것이 최선의 행동은 아닙니다. 눈 내리는 날에 맞는 옷을 입으면 하루가 더 편안할 것입니다. 인생도 마찬가지입니다. 어떤 행동과 활동이 다른 것보다 더 적절하고 편안한 때가 있습니다. 어떤 날은 쇼핑을 하거나 은행 업무를 보는 것이 맞을 수 있고, 어떤 때는 바닥을 닦는 것이 적절할 수 있습니다. 당신은 언제나 주위에 있는 에너지로 당신의 인생과 조화를 이룹니다. 이 책은 그것들을 특별히 활용하는 방법을 제시합니다.

수비학에서는 검은색이 거의 사용되지 않습니다. 11/2일에는 검은색을 입을 수는 있지만, 흰색과 함께 착용해야 하며, 저는 그러한 날에 진주색과 은색을 입는 것이 더 잘 어울리는 색이라고 항상 느낍니다. 검은색은 색의 부재 상태이며, 수년간 상담하면서 검은색 옷을 자주 입거나 항상 검은색을 입는 사람들은 거의 행복하지 않았다는 사실을 알게 되었습니다. 검은색은 정신을 억제하고 제한하는 경향이 있기 때문입니다. 당신에게 감정상의 문제가 있거나 평소 검은색을 자주 입는다면 한 달 동안 그 색을 멀리한 후에 이전보다 더 쾌활해지지 않는지 확인하도록 합시다. 아마 더 재미있게 지내고 있는 자신을 발견할 수도 있습니다!

이러한 아이디어를 처음 적용하는 경우에는 각 계절에 맞는 모든 색상의 옷을 구성하는 데 시간이 걸릴 수 있습니다. 그동안에는 현재 가지고 있는 것을 사용하십시오. 모두 의상일 필요는 없습니다. 스카프나 벨트 또는 손수건 심지어는 다채로운 색상의 속옷이면 충분합니다. 때로는 그날의 색상 진동을 상기시켜 주기 위해 색깔 펜을 집어 들거나 꽃을 몇 송이 꽂기만 해도 됩니다. 친한 사람이나 친구에게 개인 일에 어울리는 색상으로 선물해 봅니다.

우리가 먹는 음식도 다채롭습니다. 따라서 음식의 형태로 섭취하는 색상은 우리가 입고 둘러싸고 있는 색상만큼 의미가 있습니다. 예를 들어, 빨간색 #1 개인 일에는 빨간 사과, 토마토 또는 비트가 우리의 반응을 이끌어 영양을 섭취할 수 있게 해줍니다. (다른 아이디어에 대해서는 62페이지부터 시작하는 음식-색상 차트를 참고합니다.)

새로운 개인 연도를 맞이하면, 한 해 동안 이 색상을 반영하는 집안 물건을 구입하는 것이 좋습니다. 새 침대 시트를 구입하거나 좋아하는 방을 당신의 개인 연도 색상의 기분 좋은 색조로 칠할 수 있습니다. 반지나 펜던트를 사는 것도 좋습니다. 새 차를 살 때, 당신의 개인 연도 진동이 선택한 색상이 영향을 미칠 수 있습니다. 당신의 상상력을 활용하여 인생에 의미 있는 색상을 떠올려봅시다. 당신의 상상력은 당신 자신에 대한 이미지와 당신이 자신에게 개발하고 있는 사랑을 반영합니다.

개인 일에 맞는 적절한 색상이 없으면 언제든지 개인 월 또는 개인 연도의 색상을 사용할 수 있습니다. 개인 연도의 숫자와 색상은 당해년에 할 모든 일에 대한 배경 음악과 같습니다.

**시도해보세요, 재미있습니다! 무슨 일이 일어나는지 살펴봅니다.**

## 당신의 넘버를 이용하는 방법

여러분의 현재 개인 연도, 월, 일을 계산했으면 이제 개인 연도를 설명하는 부분으로 이동합니다. 개인 연도에 대한 지시사항을 읽고 이 연도가 여러분에게 무엇을 의미하는지 확인해 봅니다. 개인 연도는 개인 일에 대한 배경 음악 같은 것입니다. 매일 아침 일어난 후에 여러분의 개인 일에 해당하는 숫자 섹션으로 가봅시다. 그 다음 제가 제시한 개념과 확언을 명상하세요. 이는 여러분이 개인 일에서 가장 크고 좋은 것을 이루는 데 도움이 될 것입니다.

개인 일에 대한 지시사항은 개인 월, 개인 연도와 함께 사용해야 합니다. 개인 월에 대한 지시사항은 동일 숫자의 개인 연도와 같으므로, 개인 월에 대한 지시사항을 찾기 위해 개인 연도 섹션으로 되돌아갈 것입니다. 저는 오늘에 집중하는 것을 선호하므로, 개인 월보다는 개인 일과 개인 연도에 대한 지시사항을 더 활용하게 됩니다.

PERSONAL YEAR

# 개인 연도

# #1 개인 연도 Personal Year

색
**빨강**

보석
**루비**

핵심 단어
**시작**

올해는 새로운 시작, 새로운 출발, 새로운 아이디어, 새로운 모든 것을 위한 해입니다. 무언가를 심거나 씨앗을 뿌릴 시기입니다. 올해 심은 씨앗은 앞으로 8년 동안 영향을 미칠 것입니다. 기억하세요, 씨앗은 하룻밤 사이에 자라지 않습니다. 먼저 발아하고 뿌리를 내려야 합니다. 그 다음에야 자라기 시작합니다. 여러분의 아이디어에 뿌리를 내릴 기회를 주세요. 이 9년 주기에서 원하는 것을 계획하고 지금부터 그렇게 될 수 있도록 시작해보세요. 자신을 있는 그대로 보여주고 결정력을 가지고 나아가세요. 통제하세요. 파트너쉽이나 연합보다는 스스로에게 주목하세요. 이 기간 동안 독립적인 태도와 자기 홍보는 강력한 영향을 미칩니다. 지금 기반을 다져 놓으세요. 바쁘게 움직이며 일들을 진행하세요. 올해는 새로운 기반을 개척하고 헤쳐 나갈 해입니다.

**"나는 새로운 길을 개척하고 새로운 사업을 시작한다!"**

# #2 개인 연도 Personal Year

색
## 오렌지

보석
## 월석

핵심 단어
## 협동

작년에 심은 씨앗이 지금은 땅 아래에서 발아를 기다리고 있습니다. 올해는 여러분이 조금 쉬면서 평온함을 누릴 자격이 있습니다. 꼭 그렇게 하세요. 공부하고 지식을 쌓으세요. 외교와 재치를 발휘하세요. 공유와 팀워크가 최고입니다. 매우 협력적인 자세를 가져보세요. 올해는 강제로 무언가를 하지 마세요. 기다리세요. 여러분에게 맞는 것은 여러분에게 반드시 찾아올 것입니다. 세부 사항에 주의하세요. 필요한 것을 모으세요. 뒷면을 살펴보세요. 기회가 다가오고 있습니다. 생각하고, 계획하고, 평온해지세요. 차분하게 하세요. 사랑이 좋아집니다. 올해는 관계와 파트너쉽에 대해 매우 좋은 해입니다.

**"나는 인생의 과정이 신의 올바른 질서대로 펼쳐지는 것을 믿는다!"**

# #3 개인 연도 Personal Year

색
## 노랑

보석
## 토파즈

핵심 단어
## 즐거움


올해는 여러분에게 즐거운 해입니다. 2년 전에 시작한 것이 이제 생명을 얻기 시작합니다. 스스로를 믿으세요. 씨앗이 뿌리를 내리기 시작합니다. 무언가가 분명히 생겨나기 시작합니다. 모든 것이 잘 되고 있으며, 그것을 느낄 수 있습니다. 사랑이 곳곳에 있습니다. 친구와 함께 시간을 보내면서 즐기는 시간입니다. 연예하고 파티와 모임에 참석하세요. 휴가와 휴일을 보내세요. 올해 당신은 사회적이고 예술적으로 영향을 미치게 될 것입니다. 가능한 한 창의적으로 표현하세요. 웃고 미소 지으며, 노래하고 춤추며 주위에 햇살을 뿌려보세요. 여러분의 해는 기쁨으로 가득할 것입니다.


**"나는 인생과 살아있는 즐거움을 사랑한다!"**

# #4 개인 연도 Personal Year

색
**초록**

보석
**에메랄드/
제이드**

핵심 단어
**실용적**

이제 일할 시간입니다. 씨앗은 대지를 통해 싹을 내보냅니다. 잡초를 뽑으세요. 생산적이고 조직적으로 활동하면서 기반을 다져보세요. 바쁘게 일하고 일정을 따르세요. 재고를 확인하세요. 여러분의 삶을 정돈하고 세부 사항에도 신경을 써보세요. 자기 단련을 통해 게으름을 피하세요. 쾌활하게 일하세요, 그러면 필요한 모든 에너지를 가질 수 있습니다. 건강을 잘 챙기세요. 미래를 만들고 있는 중이기 때문에 건설적인 마음가짐을 가지세요. 올해 닥친 문제를 해결하세요. 더 노력할수록 더 많이 보상받을 것입니다. 모든 것이 잘 될 것입니다.

**"나는 모든 것을 기회로 바꾼다!"**

## #5 개인 연도 Personal Year

색
**파랑**

보석
**토카이즈/
아쿠아마린**

핵심 단어
**실용적**

자유와 변화의 바람이 불고 있습니다. 지난해의 모든 노력으로 여러분은 휴가를 즐길 자격이 있습니다. 올해는 당신이 변신하는 해가 되도록 하세요. 최선을 다하세요. 일상에서 잠시 벗어나세요. 오래된 아이디어를 버리세요. 특별한 것을 해보세요. 평소와는 다르게 해보세요. 새로운 방식으로 삶을 경험하세요. 새로운 언어를 배우거나 새로운 장소에서 삶을 경험하기 좋은 해입니다. 자신, 집, 생활 방식, 사업에서 변화를 만드세요. 이러한 변화가 다른 이들에게도 도움이 되게 하세요. 가능한 많은 사람을 만나세요. 놀라운 소식을 찾으세요. 그렇지만 모든 주위 환경을 무시하지 마세요. 활발하게 하지만 불안하게는 하지 마세요. 올해 당신은 매우 만족스러울 수 있습니다.

**"나는 변화를 환영하고 나의 경계를 넓힌다!"**

# #6 개인 연도 Personal Year

색
## 인디고
(네이비 블루)

보석
## 진주/사파이어/
## 라피스(청금석)

핵심 단어
## 책임감

이제 집, 가족, 지역 사회, 친구들을 위한 시간입니다. 식물이 꽃을 피웁니다. 집을 생활의 중심으로 만드세요. 책임감 있게, 공정하게, 정당하게 행동하세요. 봉사하세요, 기꺼이 의무를 수행하세요. 모든 개인적인 소유물, 사람들, 장소, 물건을 살펴보세요. 올해는 결혼하기 가장 좋은 해입니다. 새집으로 이사 가기도 완벽한 해입니다. (생활에서) 음악의 비중을 크게 늘려보세요. 집에서 모든 연회를 마련하세요. 당신의 기준을 정하고 유지하세요. 일단 시작한 것은 끝내세요. 생활에 리듬과 조화를 유지하세요. 집단을 위한 이익을 위해 하는 모든 일은 좋습니다. 조언자가 되세요. 필요할 때마다 도움을 주세요. 올해는 진정으로 만족하는 해입니다.

**"나는 사랑과 기쁨으로 나의 책임을 받아들인다!"**

# #7 개인 연도 Personal Year

색
## 보라/
## 바이올렛

보석
## 자수정

핵심 단어
## 신념

올해는 내면의 해입니다. 포도나무에 과일이 자라기 시작하고, 익을 것이라는 믿음이 필요합니다. 반성, 공부, 자기 분석을 위해 시간을 가져보세요. 상당 시간을 혼자서 보내고, 건설적으로 사용하세요. 당신의 생각과 행동을 분석하세요. 자신의 무엇을 바꾸고 싶은가요? 숫자 "7"은 보통 볼 수 없는 것들을 항상 드러냅니다. 당신의 삶을 되돌아보세요. 올해는 내면의 성장과 준비의 해입니다. 무엇인가를 강요하려 하지 말고, 올해는 가능한 한 비즈니스 세계를 떠나세요. 명상하고, 성찰적인 자세로 살아보세요. 사회생활은 다음 기회에 하세요. 자신에 대해 더 배우기 위해 여행을 할 수도 있습니다. 올해는 영적인 해이니, 흐름에 맡기세요. 당신의 영혼이 성장하도록 하세요.

**"나는 내면의 탐구를 즐기고 많은 대답을 찾는다!"**

# #8 개인 연도 Personal Year

색
## 베이지/갈색/분홍

보석
## 다이아몬드

핵심 단어
## 성취

올해는 성공의 해입니다. 수확의 시간입니다. 8년 전에 시작한 것이 이제 준비되었습니다. 당신의 제품을 시장에 내놓으세요. 사업과 모든 물질적인 것들이 이제 여러분의 것입니다. 약간의 노력을 기울이면 많은 것을 이룰 수 있습니다. 원하는 것을 향해 나아가세요. 경영자, 관리자, 리더(주최자)가 되세요. 효율적이고 비즈니스적으로 행동하세요. 자신감을 가지세요. 모든 거래를 정직하고 공정하게 처리하세요. 큰일을 이룰 수 있습니다. 예정에 없었던 돈을 마련할 출처를 찾으세요. 출장이 유리한 해입니다. 올해는 성취의 해입니다. 주저하지 마세요!

**"나는 나의 세계의 번영하고 성공한 경영자다!"**

# #9 개인 연도 Personal Year

색
**모든
파스텔색**

보석
**오팔/금**

핵심 단어
**완성**

완성과 성취의 시간입니다. 이번 계절의 수확은 끝났지만, 일부 작물은 계속 생산됩니다. 봄 청소의 해입니다. 모든 구석을 살펴보세요. 더 이상 필요하지 않은 사람, 장소, 아이디어, 물건 등 모든 것을 검토하고 버리세요. 이미 끝난 것이라면 놓아버리세요. 붙잡지 마세요. 올해 여러분의 삶에서 많은 것들이 사라질 것입니다. 축복하면서 보내세요. 내년을 위한 자리를 만들고 있습니다. 주변에는 많은 행복이 있습니다. 끝나는 해입니다. 새로운 것을 시작하지 마세요. 이제 새로운 사랑을 찾지 마세요. 그것은 지속되지 않을 것입니다. 삶의 예술적인 부분을 즐기세요. 긴 여행을 떠나세요. 다른 사람에 대해 배우고, 서로 나누세요. 관용, 동정, 용서의 마음이 필요합니다. 사랑은 모든 이와 나누어야 합니다. 이 행성에서 모든 이와의 친밀감을 진정으로 이해하도록 해보세요. 오래된 주기가 끝나고 있습니다. 내년에 새로운 것을 위해 준비하세요.

**"나는 만족하고, 성취하고, 완성한다!"**

# #11/2 개인 연도 Personal Year

색
### 검정/하양
### 혹은 회진주색

보석
### 은

핵심 단어
### 직관

11/2는 마스터 넘버입니다. 일상적인 일상을 뛰어넘으세요. 별처럼 빛나세요. 내면 수준에서 자신에게 새로운 기준을 세우세요. 올해는 개인적인 사랑보다 보편적인 사랑이 더 중요합니다. 무엇이든, 당신만의 내면적 평화를 유지하세요. 새로운 생각 주제가 더 흥미로울 것입니다. 올해는 사업 연도가 아니지만, 나중을 위해 좋은 아이디어를 많이 갖게 될 것입니다. 당신의 이상을 실현하세요. 준비하세요. 올해 명성과 영예가 찾아올 수 있습니다. 지금은 내면의 성장, 계몽, 성찰의 시간입니다.

**"나는 지혜의 내면 목소리를 듣는다!"**

# #22/4 개인 연도 Personal Year

색
## 코랄색/
## 적갈색

보석
## 코랄/
## 구리

핵심 단어
## 위대함

　22/4는 마스터 넘버입니다. 4 이상을 뛰어넘으면 상위의 성과를 달성할 수 있습니다. 지역 사회가 여러분을 필요로 합니다. 자신만을 위해 일한다면, 올해의 모든 이점을 놓칠 것입니다. 많은 이들을 위해 큰 계획을 세우면, 프로젝트는 성공할 것입니다. 큰 프로젝트를 수행하는 파워 연도의 기회입니다. 의미 있는 것을 건설하세요. 모든 정신적 힘을 사용하세요. 이런 해는 자주 오지 않습니다. 지위와 권력이 당신의 것이 될 수 있습니다.

**"나는 지구의 이익을 위해 일하고, 나는 축복받는다!"**

PERSONAL DAY

# 개인의 날

# #1 개인의 날 Personal Day

| 색 | 보석 |
|---|---|
| **빨강** | **루비** |

## 시작할 시간

독립적인 자세를 유지하세요. 당신이 원하는 일을 하세요. 목표를 향해 나아가세요. 새로운 장소로 이동하세요. 새로운 사람들을 만나세요. 새로운 아이디어를 시도해보세요. 새로운 일을 시작하세요. 활발하게 실행하세요. 첫 데이트를 하기 좋은 날입니다. 오늘은 이성이(상대가) 당신의 삶에서 중요하다는 것을 알게 될 것입니다. 오늘은 리더가 되세요. 자신과 직감을 믿으세요. 독창적이고 창의적이 되세요. 야망을 가져보세요. 자신의 힘을 느껴보세요. 용기를 보이세요. 화가 나거나 고집스럽고 성급한 태도와 걱정은 당신의 능력을 무너뜨릴 수 있습니다. 새로운 것을 찾아보세요.

### "나는 삶의 새로운 문을 연다!"

오늘 나는 나를 이끌고 새로운 생활 분야로 안내할 내 안의 무한한 지혜를 신뢰합니다. 나는 밖에 나가서 걸음을 내딛을 때 안전하고 확

실합니다. 나는 인생의 과정이 나를 위해 거기에 있으리라는 것을 믿고 있습니다. 나는 인생이 나를 모든 단계에서 지지해 줄 것을 알고 있습니다. 나를 깊이 충족시키는 방법으로 먹고, 입고, 살고, 사랑받고 있습니다. 나는 새로운 것을 두 팔 벌려 받아들이며, 그것이 곧 익숙해질 것임을 압니다. 모든 친구와 연인이 한때 나에게 낯설었던 것을 알고, 새로운 사람들을 나의 삶에 환영합니다. 6월 오늘은 나에게 영광스러운 날입니다.

# #2 개인의 날 Personal Day

색
## 오렌지

보석
## 월석

## 협력하세요.

마음을 평화로운 상태로 유지하세요. 다른 사람들의 의견에 동의할 시간입니다. 당신의 몫 이상을 하세요. 인내심 있게, 관대하게, 외교적으로 행동하세요. 수용해야 할 때입니다. 필요한 것을 모으세요. 특별한 골동품을 찾으세요. 관찰하고, 듣고, 생각하세요. 다른 사람들을 편안하게 만들고, 그들의 감정을 인식하세요. 조화를 창출하세요. 여성 친구들과 즐기세요. 편안하게 지내세요. 부드럽고 기분 좋게 하세요. 기다리세요.

## "나는 친절하고 타인을 배려한다!"

어제 나는 인생의 정원에 씨앗을 심었습니다. 오늘 나는 그 씨앗이 깨어나길 참고 기다립니다. 나는 내 주변의 모든 사람에게 시간을 할애하고 그들을 배려하는 마음으로 대합니다. 나는 기쁘게 도와 어디든지 그들의 짐을 덜어주며, 내가 내어주는 것은 몇 배로 곱해져서 돌아옵니다. 나는 미래에 필요한 것을 모읍니다. 이 날은 조화롭고 수용적이며 사랑스럽고 평화로운 날입니다.

# #3 개인의 날 Personal Day

색

**노랑**

보석

**토파즈**

## 지금은 파티 타임입니다.

웃고 즐기세요. 모든 사람이 중요합니다. 사교의 날입니다. 노래하고, 춤추고, 놀아보세요. 자신을 표현하세요. 모두를 사랑하세요. 오늘은 삶의 기쁨을 진정으로 구현해보는 시간입니다. 아름답게 보이세요. 멋진 모습을 느껴보세요. 당신 안의 기쁨을 경험하고 주위에도 퍼뜨리세요. 모든 사람과 모든 것에 축복을 내리세요. 다른 사람이 웃을 수 있도록 해보세요. 당신의 창의성이 자유롭게 표현되게 하세요. 쇼핑하기 가장 좋은 날입니다. 사람들의 날입니다. 만나는 모든 이를 사랑하세요.

**"나는 기쁨을 발산하고 다른 사람과 나눈다!"**

기쁨은 나의 혈관을 통해 흐르며 나의 모든 부분에서 표현됩니다. 나는 내 씨앗이 싹트고 있음을 알고, 기뻐하고 있습니다. 나는 활기차게 열정적이며 모든 생명과 조화를 이루고 있습니다. 나의 삶은 내가 알고 있는 모든 사람이 경험할 수 있고 그들과 공유하는 일종의 파티입니다. 나의 창의성은 넘쳐흐르며, 나는 그것을 자유롭게 내어줍니다. 나는 아름답고, 모든 사람이 나를 사랑합니다. 내 세상은 다 잘되고 있으며, 나는 이 감정을 다른 이들과 나눕니다.

# #4 개인의 날 Personal Day

---

**초록**

보석

**에메랄드/제이드**

## 일할 시간입니다.

일찍 일어나야 할 시간입니다. 집안일을 모두 처리합니다. 오늘은 에너지가 넘쳐나네요. 프로젝트를 시작하세요. 청구서를 납부하세요. 편지를 쓰세요. 예산을 조정하세요. 집을 청소하세요. 차를 세차하세요. 조직적이고 믿을 수 있는 사람이 되세요. 수리하세요. 오늘 하루의 작업은 오래 남을 것입니다. 건강검진을 받으세요. 내일을 위해 준비하세요.

### "나는 조직적이고 생산적이다!"

첫 싹이 대지에서 돋아나고, 그곳에는 할 일이 있어요. 나는 의식 속에서 부정의 잡초를 기쁘게 뽑아내요. 우주의 힘이 생겨나 이 사업을 돕고, 나는 무한한 에너지를 가지고 있어요. 쉽고 빠르게 일을 끝내요. 내일을 위해 튼튼한 기반을 마련해요. 나는 육체, 정신, 영혼이 모두 건강합니다.

# #5 개인의 날 Personal Day

<table>
<tr><td>색</td><td>보석</td></tr>
<tr><td>**파랑**</td><td>**토카이즈/아쿠아마린**</td></tr>
</table>

## 변화와 놀람

최고의 모습을 보이도록 하세요. 멋진 옷을 차려입으세요. 새로운 것을 찾으세요. 긍정적인 변화를 느껴보세요. 오늘 당신은 자유로운 상태입니다. 놀랄만한 일을 기대하세요. 다른 일을 해보세요. 유연해지세요. 일상을 바꾸세요. 자신이나 제품을 홍보하세요. 삶의 다른 측면을 바라보세요. 무언가를 선물하세요. 팔아보세요. 머리를 자르거나 수술하기에 가장 좋은 날입니다. 오늘의 자유를 느끼세요.

### "나는 변화를 환영하고 새로운 것을 기뻐한다!"

작물은 잘 자라고 있고, 그들 스스로 돌볼 수 있어요. 생명의 햇살과 토양의 영양을 흡수해요. 나는 삶의 다양한 경험을 자유롭게 허용해요. 나는 나에게 즐거운 방식으로 이익을 가져다주는 아름답고 긍정적인 놀람을 의식합니다. 나는 멋지게 보여서 기분이 좋아요. 나는 열린 마음으로 나에게 모든 좋은 것을 즐겁고 기쁘고 감사한 마음으로 받아들여요.

# #6 개인의 날 Personal Day

색
**인디고**(네이비 블루)

보석
**진주/사파이어/
라피스**(청금석)

## 조정의 시간

개인적인 점검이 필요한 시기입니다. 집을 한 번 살펴보세요. 더 편안한 공간으로 만들 수 있을까요? 당신 자신은 어떤가요? 더 나아지게 할 수 있을까요? 식단을 검토하세요. 조절할 필요가 있나요? 성격을 살펴보세요. 더 쾌활해질 수 있을까요? 당신이 책임지는 일들을 살펴보세요. 처리해야 할 것이 있나요? 타인의 일에 관여하고 있나요? 그렇다면 그만두세요. 빚진 것이 있나요? 지금은 그것을 다시 갚을 때입니다.

가족과 함께 즐기세요. 집에서 파티를 즐기세요. 음악으로 하루를 채우세요. 가능하다면 여행하지 마세요. 창조적인 글쓰기는 다른 날로 미루세요. 선생님들이 뛰어나고, 단체 작업이 좋아요. 새로운 집으로 이사 가는 멋진 날입니다.

## "나의 집은 평화로운 안식처다!"

내 식물들이 활짝 피어나고, 그 모습은 즐거움을 가져다줍니다. 나는 그것들을 신경 써서 돌봐요. 필요한 곳에서 나는 쉽게 집에 적응할 수 있어요. 내 집은 나와 다른 사람들이 있기에 편안한 곳이에요. 나는 내 집을 개방하고 음악과 사랑으로 손님들을 맞이해요. 그들은 나에게 사랑하는 가족처럼 느껴져요.

# #7 개인의 날 Personal Day

## 보라/바이올렛

## 자수정

## 내면을 들여다보세요.

하루 중 적어도 몇 시간은 혼자 보내세요. 조용한 상태로 책을 읽어 보세요. 생각하세요. 내면의 영혼에 귀를 기울입니다. 일은 잠시 내려놓으세요. 오늘 돈을 좇는다면, 그것은 당신에게서 멀어질 것입니다. 조용히 기다리면, 무엇인가 당신에게 올 것입니다. 영적이거나 과학적인 무언가를 공부하세요. 성경을 읽는다면, 마태복음 6장을 선택하세요. 식물과 함께 일하세요. 길게 산책하거나 교외로 드라이브를 즐기세요. "7"이라는 숫자는 항상 무언가를 드러냅니다. 명상하세요. 열린 마음을 가져보세요.

### "나는 내면을 들여다보고 대답을 받는다!"

나는 우주가 나를 위해 엄청난 복을 준비 중이라는 것을 믿습니다. 그래서 조용히 내 안으로 들어가, 나만의 내면의 지혜와 함께하려 합니다. 나는 사랑으로 자연과 그 아름다움을 바라봅니다, 그렇게 하면 마음이 새롭고 상쾌해집니다. 나는 생명이 나를 돌볼 것임을 믿습니다. 나에게 필요한 것이 무엇이든 항상 나에게 있을 것임을 압니다. 내 숨을 공급하는 힘은 다른 모든 것도 쉽고 자유롭게 제공할 것입니다.

# #8 개인의 날 Personal Day

색            보석

## 베이지/갈색/분홍    다이아몬드

## 성공적인 비즈니스

야망이 당신 안에서 끓어오릅니다. 전진할 시간입니다. 성공한 것처럼 자신을 드러내고 그렇게 행동하세요. 비즈니스하기에 좋은 날입니다. 경영자가 되세요. 조직하고 재조직하세요. 최선의 판단을 하세요. 청구서를 지불하세요. 모든 재정 및 법률 업무를 수행하세요. 임대를 얻거나 계약을 체결하기에 이상적인 날입니다. 헬스장에 가거나 건강검진을 받으세요. 예상치 못한 돈을 받을 수도 있습니다. 불우한 사람들을 도와주세요. 성공은 이미 당신의 것입니다.

### "나는 강하고 번영한다!"

풍성한 수확의 시간이며 시장에 내다 팔 준비되어 있습니다. 나는 내 삶과 일을 책임지는 경영자입니다. 나는 항상 보편적인 지식과 연결되어 있으므로 본능적으로 좋은 판단력을 가지고 있습니다. 우주와 파트너로 함께하면서, 나는 성공에서 성공으로 나아갑니다. 나는 내가 창조한 왕국의 친절하고 사랑스러운 지도자입니다. 나는 남을 도울수록 더 번영하고 성장합니다. 내가 있는 곳에서는 모두가 승리합니다.

# #9 개인의 날 Personal Day

| 색 | 보석 |
|---|---|
| **모든 파스텔색** | **오팔/금** |

## 인류애

온 세계가 당신의 가족입니다. 인도주의자가 되세요. 할 수 있다면 모든 사람을 도와주세요. 관대하고 친절하게 행동하세요. 오늘 시작되는 일은 없습니다. 일을 끝내세요. 첫 데이트에 좋은 날이 아닙니다. 만남이 지속되지 않을 것입니다. 누구에게 선물하는 것이 아니라면 쇼핑하지 마세요. 옷장과 서랍을 청소하세요. 소유한 물건을 사용하지 않는다면 팔거나 선물하세요. 물건, 생각, 습관, 관계 등 당신에게 더 이상 이익이 되지 않는 모든 것을 놓아버리세요. 예술가가 되세요. 창조적인 재능을 사용하세요. 공연하기 좋은 날입니다. 당신이 내어주는 것은 다시 돌아올 것이므로 최고만을 주세요. 이제 하던 일을 멈추고 내일 새롭게 시작하세요.

**"나는 모든 생명과 하나다. 온 세계가 나의 가족이다!"**

일은 모두 끝났으며, 주기는 완성되었습니다. 모든 것이 깨끗하니다. 나는 놓아주고 내려놓습니다; 나는 더 이상 필요하지 않은 모든 것을 기꺼이 내놓습니다. 나는 이 행성에서 나의 형제 자매로서 나의 동료 여행자들에게 관대합니다. 나는 용서하고 잊어버립니다. 나는 내 마음과 소유물을 자유롭게 합니다. 나는 이해하고 있으며 충족감은 나만의 것이 됩니다. 나는 매우 만족합니다. 나의 세계에서는 모든 것이 잘 됩니다.

# #11/2 개인의 날 Personal Day

색                      보석

**검정/하양**            **은**
**혹은 회진주색**


## 당신의 별을 따르세요.


11/2는 마스터 넘버입니다. 상업주의는 잠시 제쳐두세요. 오늘의 진동은 매우 조화롭고 영적입니다. 당신의 직감이 강해지는 시기입니다. 억지로 하지 마세요. 조용한 상태로 평화를 유지하세요. 하루가 그대로 흐르도록 자신을 시간에 맞춰보세요. 읽지 마세요. 내면으로 들어가세요. 논쟁하지 마세요. 이길 수 없습니다. 어쨌든 당신의 잘못이 아닙니다. 세상을 밝게 비추는 등불이 되세요. 오늘은 크게 영감을 받거나 다른 사람에게 영감을 줄 수 있습니다.


### "나는 내면의 별을 따른다!"

나는 최고의 근원으로부터 지혜와 지식에 이르는 직통 연결로를 가지고 있습니다. 내 안으로 돌아가면 내가 묻는 모든 질문에 대한 답변을 쉽게 찾을 수 있습니다. 나는 다른 이들에게 영감을 줍니다. 나는 사랑과 빛의 빛나는 사례입니다. 오늘 나는 조용하고 평화로운 방식으로 빛나고 반짝이고 있습니다.

## #22/4 개인의 날 Personal Day

색
**코랄색/적갈색**

보석
**코랄/구리**

# 당신을 헌신하세요.

22/4는 마스터 넘버입니다. 당신 자신과 당신의 이해관계를 잊으세요. 오늘은 어떤 일을 하더라도 보편적인 선을 위한 것이어야 합니다. 지역 사회나 세계를 위해서 일하세요. 오늘 계획해야 할 일은 원대하고 모든 이들에게 최상의 이익이 되어야만 합니다. 남을 위해서 일하세요. 그것은 당신에게 행운을 가져다줄 것입니다.

**"나는 기쁨으로 모든 이를 축복하고 번영하게 만든다!"**

나는 이 행성의 모든 이와 내가 가진 전부를 나누는 것이 기쁘고 즐겁습니다. 나는 내 재능과 능력과 자원을 자유롭게 나눕니다. 내 시각은 항상 확장되었으며 나는 모든 관계자의 최상의 이익을 위해 일합니다. 나는 이제 영원히 우주와 하나입니다.

Your Personal Calendar

# 당신의 개인 달력

# 당신만의 달력

예시: 9월이 당신의 #3 개인 월이라면,

10월은 당신의 #4 개인 월이 될 것입니다.

**2010 9월** — 당신의 개인 달 #3

| | | | 1<br>4 | 2<br>5 | 3<br>6 | 4<br>7 |
|---|---|---|---|---|---|---|
| 5<br>8 | 6<br>9 | 7<br>1 | 8<br>11/2* | 9<br>3 | 10<br>4 | 11<br>5 |
| 12<br>6 | 13<br>7 | 14<br>8 | 15<br>9 | 16<br>1 | 17<br>2 | 18<br>*3* |
| 19<br>22/4* | 20<br>5 | 21<br>6 | 22<br>7 | 23<br>8 | 24<br>9 | 25<br>1 |
| 26<br>11/2* | 27<br>3 | 28<br>4 | 29<br>5 | 30<br>6 | | |

**2010 10월** — 당신의 개인 달 #4

| | | | | | 1<br>5 | 2<br>6 |
|---|---|---|---|---|---|---|
| 3<br>7 | 4<br>8 | 5<br>9 | 6<br>1 | 7<br>11/2* | 8<br>3 | 9<br>*4* |
| 10<br>5 | 11<br>6 | 12<br>7 | 13<br>8 | 14<br>9 | 15<br>1 | 16<br>2 |
| 17<br>3 | 18<br>22/4* | 19<br>5 | 20<br>6 | 21<br>7 | 22<br>8 | 23<br>9 |
| 24<br>1 | 25<br>11/2* | 26<br>3 | 27<br>*4* | 28<br>5 | 29<br>6 | 30<br>7 |
| 31<br>8 | | | | | | |

# 1월

| SUN | MON | TUE | WED | TUR | FRI | SAT |
|-----|-----|-----|-----|-----|-----|-----|
|     |     |     |     |     |     |     |
|     |     |     |     |     |     |     |
|     |     |     |     |     |     |     |
|     |     |     |     |     |     |     |
|     |     |     |     |     |     |     |

당신의 개인 달

# 2월

| SUN | MON | TUE | WED | TUR | FRI | SAT |
|-----|-----|-----|-----|-----|-----|-----|
|     |     |     |     |     |     |     |
|     |     |     |     |     |     |     |
|     |     |     |     |     |     |     |
|     |     |     |     |     |     |     |
|     |     |     |     |     |     |     |

당신의 개인 달

# 3월

| SUN | MON | TUE | WED | TUR | FRI | SAT |
|-----|-----|-----|-----|-----|-----|-----|
|     |     |     |     |     |     |     |
|     |     |     |     |     |     |     |
|     |     |     |     |     |     |     |
|     |     |     |     |     |     |     |
|     |     |     |     |     |     |     |

당신의 개인 달

# 4월

| SUN | MON | TUE | WED | TUR | FRI | SAT |
|-----|-----|-----|-----|-----|-----|-----|
|     |     |     |     |     |     |     |
|     |     |     |     |     |     |     |
|     |     |     |     |     |     |     |
|     |     |     |     |     |     |     |
|     |     |     |     |     |     |     |

당신의 개인 달

# 5월

| SUN | MON | TUE | WED | TUR | FRI | SAT |
|-----|-----|-----|-----|-----|-----|-----|
|     |     |     |     |     |     |     |
|     |     |     |     |     |     |     |
|     |     |     |     |     |     |     |
|     |     |     |     |     |     |     |
|     |     |     |     |     |     |     |

당신의 개인 달

# 6월

| SUN | MON | TUE | WED | TUR | FRI | SAT |
|-----|-----|-----|-----|-----|-----|-----|
|     |     |     |     |     |     |     |
|     |     |     |     |     |     |     |
|     |     |     |     |     |     |     |
|     |     |     |     |     |     |     |
|     |     |     |     |     |     |     |

당신의 개인 달

# 7월

| SUN | MON | TUE | WED | TUR | FRI | SAT |
|-----|-----|-----|-----|-----|-----|-----|
|     |     |     |     |     |     |     |
|     |     |     |     |     |     |     |
|     |     |     |     |     |     |     |
|     |     |     |     |     |     |     |
|     |     |     |     |     |     |     |

당신의 개인 달

# 8월

| SUN | MON | TUE | WED | TUR | FRI | SAT |
|-----|-----|-----|-----|-----|-----|-----|
|     |     |     |     |     |     |     |
|     |     |     |     |     |     |     |
|     |     |     |     |     |     |     |
|     |     |     |     |     |     |     |
|     |     |     |     |     |     |     |

당신의 개인 달

# 9월

| SUN | MON | TUE | WED | TUR | FRI | SAT |
|-----|-----|-----|-----|-----|-----|-----|
|     |     |     |     |     |     |     |
|     |     |     |     |     |     |     |
|     |     |     |     |     |     |     |
|     |     |     |     |     |     |     |
|     |     |     |     |     |     |     |

당신의 개인 달

# 10월

| SUN | MON | TUE | WED | TUR | FRI | SAT |
|-----|-----|-----|-----|-----|-----|-----|
|     |     |     |     |     |     |     |
|     |     |     |     |     |     |     |
|     |     |     |     |     |     |     |
|     |     |     |     |     |     |     |
|     |     |     |     |     |     |     |

당신의 개인 달

# 11월

| SUN | MON | TUE | WED | TUR | FRI | SAT |
|-----|-----|-----|-----|-----|-----|-----|
|     |     |     |     |     |     |     |
|     |     |     |     |     |     |     |
|     |     |     |     |     |     |     |
|     |     |     |     |     |     |     |
|     |     |     |     |     |     |     |

당신의 개인 달

# 12월

| SUN | MON | TUE | WED | TUR | FRI | SAT |
|-----|-----|-----|-----|-----|-----|-----|
|     |     |     |     |     |     |     |
|     |     |     |     |     |     |     |
|     |     |     |     |     |     |     |
|     |     |     |     |     |     |     |
|     |     |     |     |     |     |     |

당신의 개인 달

Colors in Food

# 음식 속의 색

## 빨강

사과

비트

붉은색 캐비지

체리

무

산딸기

딸기

토마토

수박

붉은색 고기

## 오렌지색

살구

멜론

당근

망고

오렌지

감

호박

복숭아

귤

## 파란색

블루베리

로건베리

몇몇 종류의 포도

푸른색 자두

## 남색

파란색과 보라색 음식 사용

| 노란색 | 초록색 |
|---|---|
| 바나나 | 아스파라거스 |
| 옥수수 | 아티초크 |
| 계란 | 아보카도 |
| 자몽 | 모든 종류의 양상추 |
| 레몬 | 녹색 채소 |
| 기름 | 배 |
| 복숭아 | |
| 파인애플 | |
| 치즈 | |
| 고구마 | |

## 보라색/자주색

블랙베리

가지

진한 색조의 포도

자주색 자두

패션후르츠

덜스 (식용 홍조류 紅藻類)

루이스 헤이가 알려주는
## 색과 숫자의 기적

초판 1쇄 인쇄 2023년 10월 19일
초판 1쇄 발행 2023년 10월 29일

**지은이** 루이스 L. 헤이
**옮긴이** 최해숙
**발행인** 엄남미
**발행처** 케이미라클모닝

**등 록** 2021년 4월 8일 제2021-000020호
**주 소** 서울 동대문구 전농로 16길 51, 102-604
**이메일** kmiraclemorning@naver.com
**전 화** 070-8771-2052
**홈페이지** http://cafe.naver.com/koreamiraclemorning

**값** 13,000원
**ISBN** 979-11-92806-11-2 (03110)

COLORS & NUMBERS
by Louise L. Hay
Copyright ⓒ 2010 by Louise L. Hay
Original English Language Publication by Hay House, Inc., California, USA.
Korean translation rights arranged with Hay House, Inc, USA and kmiraclemorning
Publishing Inc., Seoul Korea through Interlicense Ltd.
Korean Edition Published by kmiraclemorning Publishing